BEI GRIN MACHT SICH IHR WISSEN BEZAHLT

- Wir veröffentlichen Ihre Hausarbeit,
  Bachelor- und Masterarbeit

- Ihr eigenes eBook und Buch -
  weltweit in allen wichtigen Shops

- Verdienen Sie an jedem Verkauf

Jetzt bei www.GRIN.com hochladen und kostenlos publizieren

Bibliografische Information der Deutschen Nationalbibliothek:

Die Deutsche Bibliothek verzeichnet diese Publikation in der Deutschen National-
bibliografie; detaillierte bibliografische Daten sind im Internet über http://dnb.d-
nb.de/ abrufbar.

Impressum:

Copyright © 2020 GRIN Verlag
Druck und Bindung: Books on Demand GmbH, Norderstedt Germany
ISBN: 9783346215369

Dieses Buch bei GRIN:

https://www.grin.com/document/888727

Gregor Frick

Gesundheitsmanagement im Sport. Konzepte zur Reduktion von Bewegungsmangel

GRIN Verlag

GRIN - Your knowledge has value

Der GRIN Verlag publiziert seit 1998 wissenschaftliche Arbeiten von Studenten, Hochschullehrern und anderen Akademikern als eBook und gedrucktes Buch. Die Verlagswebsite www.grin.com ist die ideale Plattform zur Veröffentlichung von Hausarbeiten, Abschlussarbeiten, wissenschaftlichen Aufsätzen, Dissertationen und Fachbüchern.

Besuchen Sie uns im Internet:

http://www.grin.com/

http://www.facebook.com/grincom

http://www.twitter.com/grin_com

Deutsche Hochschule für
Prävention und Gesundheitsmanagement
Hermann Neuberger Sportschule 3
66123 Saarbrücken

Einsendeaufgabe

Fachmodul: Gesundheitsmanagement im Sport

Studiengang: Sportökonomie

Name, Vorname: Frick, Gregor

Semester: **WS 17/18**

Inhaltsverzeichnis

2

1 Bedarfsanalyse

In dieser Arbeit soll ein Konzept zur Reduzierung von Bewegungsmangel und Prävention von Übergewicht und Adipositas bei Kindern und Jugendlichen durch gesundheitssportliche Aktivität erstellt werden. Um eine klare Abgrenzung zwischen Übergewicht und Adipositas zu schaffen wird im Folgenden der Body-Mass-Index herangezogen. Dieser wird wie bei Erwachsenen mit der Formel Körpergewicht/Körpergröße^2 errechnet. Im Anschluss allerdings über „BMI Percentil" dargestellt wie nachfolgende Tabelle zeigt:

Tab. 1: Perzentile für den Body-mass-Index für das Kindes- und Jugendalter unter Heranziehung verschiedener deutscher Stichproben (K. Kromeyer-Hauschild et. al., 2001)

BMI-Percentil: 10 – 90	Normalgewicht
BMI-Percentil: > 90 – 97	Übergewicht
BMI-Percentil: > 97 – 99,5	Adipositas
BMI-Percentil: > 99,5	Extreme Adipositas

1.1 Bewegungsempfehlungen und Bewegungsverhalten

Die Bundeszentrale für gesundheitliche Aufklärung differenziert in ihrer Bewegungsempfehlung zwischen 4 Altersbereichen (Säuglinge und Kleinkinder, Kindergartenkinder, Grundschulkinder und Jugendliche). Bei Kindergartenkindern von 4 bis 6 Jahren empfiehlt sie eine Bewegungszeit von 180 Minuten/Tag. Grundschulkinder und Jugendliche sollten sich mindestens 90 Minuten/Tag in moderater bis hoher Intensität bewegen. 60 Minuten der Bewegung können über Alltagsaktivitäten abgedeckt werden (BZgA, 2017).

Die Weltgesundheitsorganisation WHO empfiehlt für Kinder von 5 bis 17 Jahren mindestens 60 Minuten moderate bis starke Bewegung pro Tag. Weitere Bewegung, welche über die empfohlenen 60 Minuten hinausgeht, wirkt sich zusätzlich positiv auf die Gesundheit aus. Der Großteil der körperlichen Aktivität sollte im aeroben Bereich stattfinden. Aktivitäten mit erhöhter Intensität, die Muskeln und Knochen stärken, sollten mindestens dreimal die Woche durchgeführt werden (WHO, 2010).

Das Bundesamt für Sport der Schweiz empfiehlt für Jugendliche gegen Ende des Schulalters eine tägliche Bewegung von mindestens 60 Minuten bei mittlerer bis hoher Intensität. Für jüngere Kinder empfiehlt es deutlich mehr als eine Stunde pro Tag. Die Bewegung sollte dabei eine Diversifikation aufweisen und unter anderem die Knochen stärken, den Her-Kreislauf anregen, die Muskeln kräftigen, die Geschicklichkeit und Koordination verbessern, sowie die Beweglichkeit erhalten (BASPO, 2013).

Das Robert-Koch-Institut forscht im Rahmen der „KiGGS-Studie" unter anderem zum Bewegungsverhalten von Kindern und Jugendlichen im Alter von 3 bis 17 Jahren. Als Maßstab zieht das Institut die Empfehlung der WHO von mindestens 60 Minuten Bewegung/Tag heran, wobei herausgefunden werden konnte, dass Mädchen mit 22,4 % die Empfehlung seltener erreichen als Jungen mit 29,4% (siehe Abb. 1).

Mädchen	Prävalenz (%)	(95 %-KI)
Mädchen (gesamt)	22,4	(20,9–24,0)
Altersgruppe		
3–6 Jahre	42,5	(39,0–46,0)
7–10 Jahre	22,8	(20,1–25,8)
11–13 Jahre	16,5	(14,1–19,1)
14–17 Jahre	7,5	(6,0–9,2)
Sozioökonomischer Status		
Niedrig	25,2	(21,5–29,4)
Mittel	20,8	(19,3–22,4)
Hoch	24,4	(21,5–27,5)
Gesamt (Mädchen und Jungen)	26,0	(24,7–27,4)

Jungen	Prävalenz (%)	(95 %-KI)
Jungen (gesamt)	29,4	(27,6–31,2)
Altersgruppe		
3–6 Jahre	48,9	(45,2–52,6)
7–10 Jahre	30,0	(27,1–33,1)
11–13 Jahre	21,4	(18,7–24,3)
14–17 Jahre	16,0	(13,8–18,6)
Sozioökonomischer Status		
Niedrig	31,1	(26,7–35,9)
Mittel	28,6	(26,6–30,7)
Hoch	30,6	(27,9–33,4)
Gesamt (Mädchen und Jungen)	26,0	(24,7–27,4)

Abb. 1: Prävalenz von mindestens 60 Minuten körperlicher Aktivität pro Tag („WHO-Empfehlung erreicht") nach Geschlecht, Alter und sozioökonomischem Status (Robert-Koch-Institut, 2018, S.26)

Auch zu erkennen ist die deutliche Abnahme der zu erreichenden Bewegungsempfehlung mit zunehmendem Alter. Erreichen im Säuglingsalter noch 60% der Jungen und fast 50% der Mädchen die empfohlene körperliche Bewegung, sind es im Alter von 17 nur noch 8% der Mädchen und 18% der Jungen (siehe Abb. 2). Die Differenz der empfohlenen Bewegung zwischen Mädchen und Jungen nimmt mit zunehmendem Alter deutlich zu und erreicht kurz vor der Volljährigkeit mit beinahe 50% ihren Höhepunkt (siehe Abb. 2).

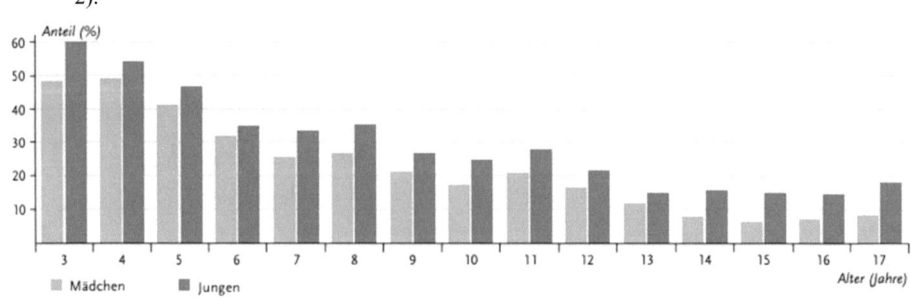

Abb. 2: Prävalenz von mindestens 60 Minuten körperlicher Aktivität pro Tag ("WHO-Empfehlung erreicht") nach Alter (Robert-Koch-Institut, 2018, S. 27)

4

Vergleicht man die Bewegungsempfehlung und das Bewegungsverhalten in Deutschland ist festzustellen, dass bereits ab dem fünften Lebensjahr nicht einmal mehr 50% der Jungen und Mädchen die täglich empfohlene körperliche Aktivität von 60 Minuten erreicht. Besonders auffällig ist auch die deutliche Abnahme der körperlichen Aktivität mit zunehmendem Alter, die bei Mädchen innerhalb von 14 Jahren um 41% und bei Jungen um 42% sinkt. Das Bewegung und Aktivität eine immer geringere Rolle im täglichen Leben eines Jugendlichen einnimmt und damit im starken Gegensatz zur wissenschaftlichen Empfehlung steht, scheint damit belegt zu sein.

1.2 Datenlage zum Gesundheitsproblem

Das Robert-Koch-Institut hat in seiner „KiGGS-Studie" auch den Gesundheitszustand von Kindern und Jugendlichen in Deutschland untersucht und dabei festgestellt, dass die Häufigkeit von Übergewicht bei Jungen und Mädchen im Alter von 3 bis 17 Jahren bei 15,4% liegt. Betrachtet man die beiden Geschlechtergruppen getrennt voneinander liegt die Häufigkeit der Mädchen bei 15,3% und der Jungen bei 15,6% (siehe Abb. 3).

Mädchen	%	(95%-KI)	Jungen	%	(95%-KI)
Mädchen (gesamt)	15,3	(13,1–17,8)	Jungen (gesamt)	15,6	(13,0–18,6)
Altersgruppen			Altersgruppen		
3–6 Jahre	10,8	(7,0–16,5)	3–6 Jahre	7,3	(4,7–11,1)
7–10 Jahre	14,9	(10,9–20,2)	7–10 Jahre	16,1	(11,7–21,8)
11–13 Jahre	20,0	(15,0–26,2)	11–13 Jahre	21,1	(15,5–28,1)
14–17 Jahre	16,2	(12,6–20,7)	14–17 Jahre	18,5	(14,2–23,8)
Sozioökonomischer Status			Sozioökonomischer Status		
Niedrig	27,0	(20,3–34,9)	Niedrig	24,2	(17,7–32,3)
Mittel	13,0	(10,8–15,5)	Mittel	14,1	(11,2–17,7)
Hoch	6,5	(3,8–10,8)	Hoch	8,9	(5,4–14,2)
Gesamt (Mädchen und Jungen)	15,4	(13,7–17,4)	Gesamt (Mädchen und Jungen)	15,4	(13,7–17,4)

Abb. 3: Übergewichtsprävalenz (> 90. Perzentil, einschließlich Adipositas), nach Geschlecht, Alter und sozioökonomischem Status (Robert-Koch-Institut, 2018, S. 18)

Die Adipositasprävalenz der Mädchen und Jungen in Deutschland liegt bei 5,9% und ist bei den Jungen mit 6,3% etwas höher, als bei den Mädchen mit 5,5% (siehe Abb. 4).

Mädchen	%	(95 %-KI)
Mädchen (gesamt)	5,5	(4,3-7,0)
Altersgruppen		
3-6 Jahre	3,2	(1,6-6,3)
7-10 Jahre	4,7	(2,9-7,5)
11-13 Jahre	6,5	(3,6-11,3)
14-17 Jahre	7,7	(5,2-11,4)
Sozioökonomischer Status		
Niedrig	8,1	(4,7-13,7)
Mittel	4,7	(3,5-6,4)
Hoch	2,0	(0,5-7,3)
Gesamt (Mädchen und Jungen)	5,9	(5,0-7,0)

Jungen	%	(95 %-KI)
Jungen (gesamt)	6,3	(4,9-8,0)
Altersgruppen		
3-6 Jahre	1,0	(0,4-2,5)
7-10 Jahre	6,8	(4,2-11,0)
11-13 Jahre	8,0	(4,8-13,0)
14-17 Jahre	9,2	(6,2-13,4)
Sozioökonomischer Status		
Niedrig	11,4	(7,2-17,7)
Mittel	5,2	(3,6-7,5)
Hoch	2,6	(1,1-5,9)
Gesamt (Mädchen und Jungen)	5,9	(5,0-7,0)

Abb. 4: Adipositasprävalenz (> 97. Perzentil) nach Geschlecht, Alter und sozioökonomischem Status (Robert-Koch-Institut, 2018, S. 19)

Die Häufigkeit von Übergewicht nimmt bei den älteren Personengruppen zu und erreicht erst kurz vor dem Eintritt ins Erwachsenenalter einen leichten Rückgang (siehe Abb. 3). Dies ist bei Adipositas nicht der Fall. Hier lässt sich eine durchgehende Erhöhung der Wahrscheinlichkeit mit zunehmendem Alter erkennen (siehe Abb. 4). Auch der sozio-ökonomische Status scheint eine wichtige Rolle zu spielen, da Kinder mit mittlerem und hohem sozioökonomischen Status deutlich seltener an Übergewicht und Adipositas leiden, als Kinder mit niedrigem sozioökonomischen Status (siehe Abb. 3 & 4).

Der soziöokomische Status ist damit ein erster Risikofaktor bei Übergewicht und Adipositas. Kinder aus sozial schwächeren Schichten leiden hierunter häufiger, als Kinder aus stärkeren sozialen Schichten. Ein weiterer Risikofaktor ist das Übergewicht der Mutter in der Schwangerschaft. Studien haben ergeben, dass das Risiko für Kinder mit einer übergewichtigen Mutter doppelt so hoch ist selbst übergewichtig zu werden, als für Kinder mit normalgewichtigen Müttern (Zhang et. al., 2011).

Auch das Fernsehen ist ein bedeutender Risikofaktor für Übergewicht bei Kindern und Jugendlichen. Kinder die am Tag mehr als 5 Stunden vor dem Fernseher sitzen, haben eine 4,6-fache Wahrscheinlichkeit übergewichtig zu werden, als Kinder, die nur maximal eine Stunde Bildschirmzeit pro Tag haben (Gortmarker et. al., 1996). Auch zu wenig Schlaf ist ein Risikofaktor im Zusammenhang mit Übergewicht und Adipositas, wie die WHO berichtet (WHO, 2004).

Aus der aktuellen Datenlage lassen sich klare Handlungsempfehlungen ableiten. Zum einen spielen die Eltern eine wichtige Rolle, indem sie ihren Kindern einen gesunden und aktiven Lebensstil vorleben. Auch die Kontrolle der Bildschirmzeiten kann durch die Eltern gesteuert werden. Zusätzlich bedarf es einer besseren Aufklärung, sowohl innerhalb der Familien, als auch an Plätzen wie Schulen und Kindergärten, um den betroffenen Eltern und Kindern das Bewusstsein für einen gesunden und aktiven Lebensstil zu vermitteln. Gerade sozial schwächere Familien benötigen Unterstützung und Aufklärung im Umgang mit der richtigen Ernährung und wie man beispielsweise trotz eines geringeren Einkommens günstig und gesund für die gesamte Familie kochen kann.

2 Wirksamkeit körperlicher Aktivität

Folgend werden zwei wissenschaftliche Forschungsergebnisse dargestellt, anhand derer sich die gesundheitliche Wirksamkeit körperlicher Aktivität in Bezug zu Übergewicht und Adipositas im Kindes- und Jugendalter belegen lässt.

Tab. 2: Motorische Defizite - wie schwer wiegen sie? (Graf et. al., 2007)

Literaturquelle	Graf, C., Jouck, S., Koch, B., Staudenmeier, K., von Schlenk, D., Predel, H.G., Tokarski, W. & Dordel, S. (2007). Motorische Defizite – wie schwer wiegen sie?. *Monatsschrift Kinderheilkunde,* 155, 631–637.
Hintergrund und Fragestellung	Übergewicht und Adipositas bei Kindern und Jugendlichen ist ein weltweites wachsendes Problem. Neben der Genetik, dem sozioökonomischen Status und kalorienhaltiger Ernährung, spielt vor allem der Bewegungsmangel eine entscheidende Rolle. Aus diesem Grund wurden Kinder und Jugendliche untersucht, um einen Zusammenhang des BMIs mit deren motorischer Leistungsfähigkeit zu belegen.
Methodik	831 Jungen und 808 Mädchen der 5. – 10. Klasse aus drei weiterführenden Schulen wurden gewogen und anhand des BMIs klassifiziert. Im Anschluss wurde mit Hilfe des Dordel-Koch-Tests die Kraft, Ausdauer, Flexibilität und Koordination bewertet.
Ergebnisse	Im Durschnitt waren die Kinder und Jugendlichen 13,5 Jahre alt, 52, 7 kg schwer und 1,61 m groß. Die übergewichtigen und adipösen Kinder hatten im Vergleich zu den normalgewichtigen Kindern schlechtere Ergebnisse in Kraft, Ausdauer und Koordination. Bei der Flexibilität konnten keine signifikanten Unterschiede festgestellt werden.

7

Diskussion und Schlussfolgerungen	Es konnte festgestellt werden, dass überge-
	wichtige und adipöse Kinder schlechtere mo-
	torische Fähigkeiten bezüglich Kraft, Aus-
	dauer und Koordination aufweisen. Gesund-
	heitliche Folgeschäden mit zunehmendem Al-
	ter können bei dieser Gruppe nicht ausge-
	schlossen werden. Die Frustration hinsichtlich
	der schlechteren sportlichen Leistungsfähig-
	keit kann die Bevorzugung nicht-körperlicher-
	Aktivitäten verstärken und somit auch die Ge-
	wichtszunahme beschleunigen. Es sind daher
	gezielte Fördermaßnahmen an Schulen und
	im frühen Alter notwendig, um diesem Prob-
	lem entgegenzuwirken.

Tab. 3: Physical activity cost of the school run: impact on schoolchildren of being driven to school (Metcalf, 2004)

Literaturquelle	Metcalf, B., Voss, L., Jeffery, A., Perkins, J. &
	Wilkin, T. (2004). Physical activity cost of the
	school run: impact on schoolchildren of being
	driven to school (EarlyBird 22). *BMJ*, 329, 832
	– 833.
Hintergrund und Fragestellung	Geringe körperliche Aktivität ist einer der
	größten Risikofaktoren für übergewichtige
	und adipöse Kinder und Jugendliche. Gleich-
	zeitig fahren immer mehr Eltern ihre Kinder
	mit dem Auto zur Schule. Die Studie unter-
	sucht, ob ein Zusammenhang von Überge-
	wicht und Adipositas bei Kindern und Jugend-
	lichen und deren Fortbewegung zur Schule
	besteht und ob der Schulweg einen Einfluss
	auf die weitere tägliche Aktivität der Kinder
	hat.
Methodik	154 Jungen und 121 Mädchen wurden hierbei
	untersucht. Es wurde ihre Größe, das Gewicht
	und der Körperfettanteil gemessen und ihr
	Schulweg an 5 aufeinanderfolgenden Tagen
	in der Woche untersucht. Zusätzlich wurde
	ihre Gesamtaktivität gemessen.
Ergebnisse	185 Kinder liefen zur Schule und 90 Kinder
	wurden mit dem Auto gefahren. Ein

	Unterschied beim Geschlecht konnte nicht festgestellt werden. Hier liefen 97 der Jungen und 88 der Mädchen zur Schule. Es konnte kein signifikanter Unterschied zwischen den beiden Gruppen und dem BMI erkannt werden. Allerdings konnte festgestellt werden, dass die Aktivität auf dem Schulweg keinen Einfluss auf die restliche Aktivität der Kinder hatte. Kinder, die zur Schule gingen, bewegten sich im Durschnitt genauso viel, wie Kinder, die gefahren wurden.
Diskussion und Schlussfolgerungen	Auch wenn es mit Sicherheit keine Nachteile hat seinen Schulweg zu Fuß zurückzulegen, hat diese Bewegung keinen Einfluss auf das Gewicht und die restliche Aktivität der Kinder. Die Argumentation der öffentlichen Stellen (gerade in Großbritannien – wo die Studie durchgeführt wurde), dass der Schulweg auf Grund der Aktivität zu Fuß zurückgelegt werden sollte, muss daher neu aufgebaut werden und auf anderen Begründungen aufbauen, um Eltern davon zu überzeugen ihre Kinder nicht in die Schule zu fahren.

3   Zielgruppe

In folgender Tabelle wird die Zielgruppe für das in Teilaufgabe 4 gesundheitsorientierte Sportkonzept dargestellt.

9

Tab. 4: Zielgruppe (eigene Darstellung)

Geschlecht	Weiblich & Männlich
Alter	10 – 15 Jahre
Gesundheitszustand	- Übergewichtig - Adipös
Gesundheitsrisiken / -belastungen	- Beschleunigtes Längenwachstum - Insulinresistenz - Bluthochdruck
Kontraindikatoren	- Akute, fiebrige Infektionskrankheiten (z.B. grippaler Infekt) - Einnahme von Antibiotika

4 Ziele und Inhalte

In nachfolgender Tabelle wird ein Gesundheitssportkonzept für die in Tabelle 4 erarbeitete Zielgruppe dargestellt.

Tab. 5: Gesundheitssportkonzept (eigene Darstellung)

Gesamtziel		
„Heranführen an sportliche Aktivität und Steigerung der Freude daran"		
Zieldimension Gesundheitswirkungen		
Kernziel	Teilziele	Inhalte
1 Stärkung physischer Gesundheitsressourcen	1) Verbesserung der Beweglichkeit 2) Verbesserung der Ausdauer	1) Aufbau und Durchführung eines Hindernisparcours 2) Spielerische Laufeinheiten (z.B. laufende Schnitzeljagd)
2 Verminderung von Risikofaktoren	1) Vorbeugung von Herz- und Kreislauferkrankungen 2) Erhöhung des Fettstoffwechsels	1) Moderates Krafttraining mit dem eigenen Körpergewicht 2) Fahrradtour mit Gruppe und eingebauten Wettrennen auf der Strecke
3 Stärkung psychosozialer Gesundheitsressourcen	1) Förderung der sozialen Unterstützung 2) Erhöhung der sportlichen Motivation	1) Spielen von Teamsportarten (z.B. Fußball, Basketball) 2) Sportliche Aufgaben mit realistischer Zielsetzung, um Scheitern im ersten Schritt zu verhindern und Erfolgserlebnisse zu generieren

10

4	1) Reduktion von Rücken-	1) Stärkung der Rumpfmus-
Bewältigung von Beschwer-	und Gelenkschmerzen	kulatur durch Halteübungen
den und Missempfinden	2) Erhöhung der eigenen Kör-	2) Propriozeptives Training
	perwahrnehmung	

Zieldimension Verhaltenswirkungen		
Kernziel	**Teilziele**	**Inhalte**
5	1) Entdecken des persönli-	1) Schnupperkurse von meh-
Aufbau von Bindung an ge-	chen „Lieblingssports"	reren verschiedenen Einzel-
sundheitssportliche Aktivität	2) Einbindung von Aktivität in	und Teamsportarten
	den Alltag	2) Kleine Aufgaben für Zu-
		hause auftragen (z.B. min-
		destens zweimal pro Tag um
		das Haus laufen)

Zieldimension Verhältniswirkungen		
Kernziel	**Teilziele**	**Inhalte**
6	1) Professionell angeleitete	1) Zertifizierte Trainerinnen
Verbesserung der Bewe-	Kurse	und Trainer
gungsverhältnisse	2) Weiterführende Kooperati-	2) Zusammenarbeit mit regio-
	onen	nalen Vereinen

5 Literaturverzeichnis

Bundesamt für Sport. (2013). Gesundheitswirksame Bewegung. Magglingen: Bundesamt für Sport

Bundezentrale für gesundheitliche Aufklärung. (2017). Nationale Empfehlungen für Bewegung und Bewegungsförderung. Köln: Bundeszentrale für gesundheitliche Aufklärung.

Gortmaker SL, Must A, Sobol AM, Peterson K, Colditz GA, Dietz WH. (1996). Television viewing as a cause of increasing obesity among children in the United States 1986–1990. *Arch Pediatr Adolesc. Med*, 150, 356–362.

Graf, C., Jouck, S., Koch, B., Staudenmeier, K., von Schlenk, D., Predel, H.G., Tokarski, W. & Dordel, S. (2007). Motorische Defizite – wie schwer wiegen sie?. *Monatsschrift Kinderheilkunde*, 155, 631–637.

Kromeyer-Hauschild, K., Wabitsch, M., Kunze, D., Geller, F., Geiß, H. C., Hesse, von Hippel, V., Jaeger, U., Johnsen, D., Korte, W., Menner, K., Müller, G., Müller, J. M., Niemann-Pilatus, A., Remer, T., Schaefer, F., Wittchen, H-U., Zabransky, S., Zellner, K., Ziegler, A. & Hebebrand, J. (2001). Perzentile für den Body-mass-Index für das Kindes- und Jugendalter unter Heranziehung verschiedener deutscher Stichproben. *Monatsschrift Kinderheilkunde*, 149, 807–818.

Metcalf, B., Voss, L., Jeffery, A., Perkins, J. & Wilkin, T. (2004). Physical activity cost of the school run: impact on schoolchildren of being driven to school (EarlyBird 22). *BMJ*, 329, 832 – 833.

Robert-Koch-Institut. (2018). Journal of Health Monitoring. Berlin: Robert-Koch-Institut.

World Health Organization. (2010). Global Recommendations on physical activity for Health. Genf: World Health Organization.

World Health Organization. (2004). WHO technical meeting on sleep and health. Bonn : World Health Organization.

Zhang,S., Rattanatray, L., Morrison, J., Nicholas, L., Lie, S. & and McMillen, C. (2011). Maternal Obesity and the Early Origins of Childhood Obesity: Weighing Up the Benefits and Costs of Maternal Weight Loss in the Periconceptional Period for the Offspring. Adelaide: University of South Australia.

6 Abbildungs- und Tabellenverzeichnis

6.1 Abbildungsverzeichnis

6.2 Tabellenverzeichnis